弾劾可決の日を歩く
"私たちはいつもここにいた"

2024年12月3日、尹錫悦大統領による突然の「非常戒厳」宣布から始まった韓国の混乱。大統領弾劾を求め200万人規模のデモが行われ、大勢の若い女性たちが参加した。多くの市民が立ち上がり声を上げる根底にあったのは、尹政権の言論弾圧や不正、アンチフェミニズム政策への怒り。現地を取材し、抵抗する人々の声を聞いた記者による、韓国の現実。

〈表紙写真〉
出典：ニュース打破
MZが弾劾応援棒を持った理由、「尹錫悦から私の大切なものを守る」
2024年12月13日
https://newstapa.org/article/6EMbW

Contents

04 はじめに

09 ソウル・弾劾可決の日を歩く
家の中で大切な、一番明るい光を持って集まった女たち

28 イ・ラン インタビュー
「私たちはいつもここにいた。見てなかっただけ」

36 言論弾圧に抗う①
独立メディア ニュース打破

45 言論弾圧に抗う②
メディアを監視する 民主言論市民連合

56 韓国の若い女性たちはなぜデモに行くのか
―― 怒りとフェミニズム 趙慶喜

はじめに

　「韓国の歴史はドラマよりドラマティックだ」とはよく聞きますが、まさに2024年12月3日尹錫悦(ユンソンニョル)大統領による「非常戒厳」の宣布、その後一連の動きは目を離せないほどの事態を引き起こしています。まず現在までの動きを簡単に振り返ってみましょう。

　12月3日の夜10時50分、尹大統領が「一切の政治活動を禁じる」などとする非常戒厳令を宣布しました。その時、国会内に突入した兵士は約280人。警察も協力しました。さらに軍用ヘリで24回にわたり計約230人。それを知った市民や国会議員、記者たちがすぐに国会前に駆けつけました。「入っちゃだめ」「止めなきゃ」などと必死に叫びながら、武装している軍人たちを阻んだのです。軍人が持つ拳銃を素手で掴んで止めた女性、国会前の踏切で装甲車を防いだ青年……。
　その中を議員たちは強行突破し国会に入り、戒厳令解除要求の決議案を出席した議員全員の賛成で可決しました。市民の力で6時間余りで戒厳令は解除されました。
　国会に突入した軍の中には特殊部隊「707特殊任務団」もいました。対テロ作戦や要人暗殺作戦などに特化した部隊で、戦時には北朝鮮の首脳部を斬首するとされています。この特殊部隊の軍人インタビューが『朝鮮日報』12月6日の一面に掲載

されています。ヘリコプターに乗る直前に国会へ向かうことを知らされ、着いてみると、武装していない民間人に銃まで持って攻め込むのはやりすぎだと思ったといいます。

　世界中を驚かせた戒厳令の解除後、野党6党は尹大統領弾劾を求める議案を国会に提出しました。7日には、主催者発表100万人、警察推定15万人の市民たちが国会を取り巻きろうそく集会をしました。国会では、与党「国民の力」の大部分の議員が不参加だったため、弾劾案は5票足らずに不成立となりました。その後、最大野党「共に民主党」は弾劾案を再提出し、14日には国会本会議で採決を図ることになりました。

　また、韓国検察は内乱事件の企画者・前国防相を逮捕し、「共に民主党」は9日、尹大統領を内乱罪で捜査するための法案を国会に提出しました。

　12月14日、弾劾可決を求める市民が200万人規模の集会を開く中、国会で弾劾が可決しました。その後、尹大統領は職務停止になりましたが、戒厳令を正当化し捜査機関と裁判所の権限に異議を唱え続け、それが極右勢力を後押しすることになっています。

　年が明けた1月3日、高位公職者犯罪捜査庁（公捜庁）〈注1〉が逮捕しようとしましたが、官邸の警備隊に阻止され断念。15日、警察と共に再び大統領府へ向かい、逮捕しました。現職の大統領の逮捕は初です。しかし拘束令状が出た19日、尹大統領支持の右派勢力がソウル西部地裁に突入し、暴力・破壊行為をして約90人が逮捕されました。1月26日、検察は尹大統領を内乱罪で起訴しました。刑事責任も問われることになりま

す。並行して、憲法裁判所では、罷免の可否を判断する弾劾審判が始まっています。

　筆者は12月14日の弾劾可決の日を取材したいと12日に思い立ち、13日夜にソウルに到着しました。大きな山場であることはもちろんでしたが、日本の報道では尹政権がどのような政策を実行してきたのかはほぼわかりません。だとすれば、なぜ尹大統領の弾劾や内乱罪による逮捕を求め100万、200万もの市民が立ち上がっているのか、中でも20〜30代の女性が多いのか、理解できないのではないかと思ったからでした。また、報道がほぼ男性目線でされていることにも違和感を覚え、自分の目で取材しなければと思いました。

　日本の報道、とりわけテレビ放送では、尹政権のネガティブ情報はほとんど出ない一方で、野党「共に民主党」李在明（イ・ジェミョン）代表のネガティブ情報が大量に出てきます。たとえば、フジテレビ『日曜報道 THE PRIME』2024年12月15日放送（45分）では、李代表を「対日強硬派」とし番組の4分の1に当たる約11分を使い批判しました。さらに尹政権の対日外交については、「元徴用工」問題解決への尽力、シャトル外交再開、輸出規制をめぐる提訴取り下げ、処理水問題の不安払拭、佐渡金山の世界遺産容認をあげ、「政権が変わったら日本にマイナス」だと報じました。

　フジテレビだけでなく日本の報道では、「日韓関係を良くした尹大統領」という言説が散見されました。これは外交問題に特化した見方であり、かつ「良い」とは日本の現政権にとっての意

味です。現政権も批判の対象にすべきジャーナリズムがそこに踏み込まないのも疑問が残ります。またこの問題を報道するのがほぼ男性であることも気がかりでした。

　尹政権は発足以降、言論弾圧をしてきました。
　公共放送KBSの理事長、社長を解任し放送局の経験のない新社長にし、メインニュースのアンカー交代、主要な時事番組廃止など大規模な人事異動を強行してKBSを掌握しました。準公共放送MBCの理事長も解任。政府が株の半数をもつ中道的な『ソウル新聞』を大手建設会社に売却し、現在は保守的なメディアに変わりました。公企業が出資する24時間ニュースチャンネルYTNを売却し中堅財閥が落札。さらに2023年7月には、公共放送の民営化を推し進める李眞淑氏を放送通信委員長に指名するなど数々の言論掌握をしてきました。報道機関は既存メディアも独立メディアも含め、連帯・協業などもしながら抵抗してきました。
　今回の戒厳令では、逮捕リスト14人の中に、大人気のYouTubeチャンネル「金於俊の謙遜は大変だ　ニュース工場」〈注2〉の金於俊氏が入っていました。射殺の指示まで出ていたといいます。

　本書では、私が記者をしている独立メディア「生活ニュースコモンズ」に書いた弾劾可決の日の取材レポートと、アーティストのイ・ランさんのインタビューを読んだタバブックスの宮川真紀さんからぜひZINEにしたいと連絡を受け、昨年12月、生

活ニュースコモンズで開催した2回のオンライントーク、独立メディア・ニュース打破とメディア監視をする民主言論市民連合の内容をコンパクトにまとめ、さらに、趙慶喜（チョウキョンヒ）さんの記事も再録することにしました。生活ニュースコモンズのご協力に感謝します。

　いま、韓国で起きている現在進行形の市民、とりわけ女性たちの思いと行動を感じ取っていただけたら幸いです。

注1：2021年1月に発足した高位公職者の不正腐敗摘発専門の独立機関。公捜庁について日本では誤った見方も散見されるが、そもそも検察の起訴独占を牽制する装置として提案されたこと、その後の紆余曲折を経て、文在寅政権で発足したという歴史的文脈を知ることも必要である。

注2：TBS交通放送から始まった金於俊氏の「ニュース工場」は、今や201万もの購読者をもつYouTubeチャンネル「金於俊の謙遜は大変だ ニュース工場」として発信を続けている。

Report

ソウル・弾劾可決の日を歩く
家の中で大切な、一番明るい光を持って
集まった女たち

「12月14日に行われる2度目の弾劾訴追案の審議直前の弾劾集会は歴史的な瞬間になる、その瞬間を直接自分の目で見て取材したい」と思いたち、12日夜にチケットを購入し13日夜、ソウルに着きました。定宿にしているゲストハウスに着くと、そこには「弾劾せよ」のプラカード、お手製のアヒルのペンライトが飾られ、テレビでは国会前の集会が生中継されていました。画面右上には尹錫悦(ユンソンニョル)弾劾票決までの時間がカウントダウン方式で表示されています。あと18時間です。

弾劾を求め続々と国会前へ
全国各地合わせて225万人

14日の朝、汝矣島(ヨイド)の国会議事堂前に早めに行かないと地下鉄から降りることができなくなると聞き、防寒対策をして(この日最高気温3度、最低気温マイナス4度)、11時半に出発。国会議事堂前駅に着くとすでにたくさんの人、人、人……、弾劾要求署名のエリアもできていて早速プラカードを受け取り、地上へ上がると、今度は、ハンギョレ新聞、京郷(キョンヒャン)新聞、時事INなど韓国の進歩派メディア(韓国では大きくいって保守と進歩〔革新〕でメディアの性格も違う)の号外を次々と渡され、各団体が作るさまざまなプラカードや地面に座るためのシート(集会を無事に進行するため、参加者はできる限り座るように促されていました)も受け取りました。

国会前はすでにたくさんの人がいて、弾劾などと書かれたペンライトが売られていたり、無料で水やカイロ、果物なども配られたりしていました。

集会は長いのでまず腹ごしらえをしようと、長い列をなしてい

る食堂の一つに並びました。一人だったので相席はいいかと聞かれ、もちろんと答えると、若い男性でした。名前はパク・ドヨンさん、32歳の会社員。勤めているので週末にしか来ることができない、今日は2回目で、後で友人と合流すると言います。

「これ知ってますか?」と彼が差し出したスマホには、国会周辺の食堂やカフェの地図がありました。それぞれの飲食店には「あと何食」と表示されています。有名無名問わずいろいろな大人たちが先払いをしてくれていて、若い人たちが無料で食べられるようになっているの

会社勤めなので弾劾集会には週末だけ参加するというパク・ドヨンさん＝韓国ソウル、2024年12月14日（撮影：岡本有佳）

です。どのお店に何人分の無料の食事やドリンクが残っているのか一目でわかります。集会では時々「残さずにみんな食べに行ってね!」とアナウンスがあります。このサイトの名前が「デモも食べてから」、文字通りデモに行く前に腹ごしらえできる仕組みです。韓国のことわざに「金剛山も食事後に」というものがありますが、「どんなに大切なことも、まずは食べてから」という意味で、これに掛けた名前ということはすぐにわかりました。人気歌手で俳優のIUや国会議員の曺国（チョグク）さんなど多くの著名人も参加しています。

「無料で食べられる若者たちに恩恵があるのはもちろん、集会に来られない人たちにとっても、寄付の形で参加することができる。お互いにいい方法ですよね」とパク・ドヨンさん。「誰か一人が始めることが大事。一人が二人に……とどんどん増えていく」

と語っていました。集会文化もさまざまなアップデートがあり、気づきの場になっているんだなあと感じました。また、ある40代の母親が娘の生後500日記念旅行費を使い「Kidsバス」を運営。授乳やおむつ替え、子どもが遊んだり休む場所として子連れの人たちにとってかけがえのない空間になっていました。これを知った人たちによりさらに台数が増えたそうです。

　食事が済むと、外の人の群れはさらに膨れ上がっており、あるステージでは市民たちの自由発言（スピーチ）が続いていました。合間合間にのど自慢のごとく市民が舞台に上がり、歌を披露。家で練習してきたという中年男性がBLACKPINK（ブラックピンク）のロゼの「APT.」を歌い、若い観客たちが応援する場面もありました。梨泰院雑踏事件（2023年のハロウィンに起きた雑踏事故）で娘を喪った父親が涙ながらにスピーチする場面も。話す人も聞く人も真剣です。

国会前はどの道も人でぎっしり溢れている＝韓国ソウル、2024年12月14日
（撮影：岡本有佳）

午後3時になるとメイン舞台では、民主労組、参与連帯など1549の市民社会労働団体の連合である「尹錫悦即時退陣・社会大改革非常行動」(以下、非常行動)の集会が始まりました。非常行動は2016年の朴槿恵(パククネ)大統領弾劾集会も主催したネットワークです。民主言論市民連合のシン・ミヒ事務所長は、名称に「社会大改革」が入っていることが重要だと言いました。それは、大統領だけ変えれば済むという問題ではなく、市民が共に社会を変えていくという意味が込められているからだそうです。

尹錫悦弾劾で「解決」ではない

　「市民が共に社会を変えていく」──この気持ちは何人もの人の口からも聞きました。
　この集会の数日前の11日、釜山の西面(ソミョン)で開かれていた弾劾集会で、「飲み屋の女性」と名乗る人の自由発言があちこちで話題になり歓迎されていました。
　「私たちは朴槿恵を弾劾し、また尹錫悦を弾劾しますが、同時に私たち国民の半分は朴槿恵と尹錫悦を選んだ人々です」
　「もう一度お願いします。私たちの周りの疎外された人々に関心を持ってください。共に民主主義に関心を持ってください。皆さんの関心だけが、弱者を生かすことができるのです」
　「私たちがこの峠を無事に乗り越えることに成功しても、これが終わり、解決、完成だとは思わないでください。穏やかな気持ちで両足を伸ばして、寝床に入らないようにお願いします」

釜山の自由発言全文

　こんにちは、お会いできて嬉しいです。

　私はあそこの温泉場でカラオケの手伝いをしている、いわゆる飲み屋の女性です。

　「あなたのように無知な者が出しゃばって何を言うのか」、「人々があなたのような人の声を聞いてくれると思うのか」などの言葉に反論したくて、また多くの人々が偏見を持って私を軽蔑し後ろ指を差したりしていることを知っていますが、今日私は民主社会の市民としてその権利と義務をつくそうと、この場に勇気を出して来ました。

　私が今日ここに立った理由は、他でもなく、皆さんに一つだけ心からお願いしたかったからです。それは私たちがこの峠を無事に越えた後も、引き続き政治と私たちの周辺の疎外された市民に関心を持つことです。

　私たちは朴槿恵を弾劾し、また尹錫悦を弾劾しますが、同時に私たち国民の半分は朴槿恵と尹錫悦を選んだ人々です。私の家賃が上がるから、北朝鮮を牽制しなければならないからと、私が属しているコミュニティの人たちがそうやって煽って、国民の半分が「国民の力」を支持していました。彼らはなぜそうするのでしょうか？

　江南(カンナム)に土地をもつ者ならともかく、何も持っていない20、30代の男性や老人たちは、なぜ「国民の力」を支持するのでしょうか？　それは、市民の教育の不在と、彼

らが所属する適切な共同体がないからです。私たちは、世界中で右傾化が加速する時代の真ん中に立っています。この巨大な流れを防ぐことができなければ、また別の尹錫悦、また別の朴槿恵、また別の全斗煥（チョンドゥファン）と朴正煕（パクチョンヒ）が私たちの民主主義を脅かすでしょう。

　ですから、もう一度お願いします。私たちの周りの疎外された人々に関心を持ってください。共に民主主義に関心を持ってください。皆さんの関心だけが、弱者を生かすことができるのです。

　あそこのクーパン〔韓国ネット通販大手〕では労働者が死にかけています。坡州（パジュ）のヨンジュゴルでは再開発の名の下に娼婦（原文ママ）たちの暮らしの基盤が破壊されています。同徳女子大学では大学民主主義が脅かされており、ソウル地下鉄には相変わらず障害者の移動する権利が保障されておらず、女性たちに向けたデート暴力が、性的少数者のための差別禁止法が、移住労働者の子どもたちが受ける差別が、そして全羅道に向けた地域嫌悪が、これらすべてが解決されなければ、私たちの民主主義は依然として完璧ではないのです。

　ですから、皆さんに心からお願いします。私たちがこの峠を無事に乗り越えることに成功しても、これが終わり、解決、完成だとは思わないでください。穏やかな気持ちで両足を伸ばして、寝床に入らないようにお願いします。以上です。

釜山の集会を粛然とさせた話題の釜山カラオケコンパニオン女性
3分の名演説「ソウルの声」より。
全文はハンギョレに掲載されたものを筆者が翻訳した。
https://www.hani.co.kr/arti/society/women/1173182.html

家の中で一番明るい、大切な光を持って
集まった韓国の人たち

　弾劾集会の現場では、いわゆる民衆歌謡も含め、少女時代のデビュー曲「Into The New World」(再び出会う世界)、ロゼの「APT.」など、K-POPがたくさん歌われていて、若い人たちはLEDの応援棒(自分の推しのアイドルを応援するときに使う)を持ってきて振っていました。2016年の朴槿恵大統領弾劾のろうそく集会も平和な民主主義を守るデモとして世界的に評価されましたが、この時、ろうそくだったものが、今回はLEDライトに変化しました。そして人々が歌う歌にもK-POPが加わったのでした。日が暮れると、応援棒の色とりどりの光が点滅し、群衆の数だけ煌めいていました。

　ある海外の報道人が言ったそうです。

「国が暗い状態の中、家の中で一番明るい光を持って集まっ

た韓国の人たち」。

　マルチ・アーティストのイ・ランさんはこう付け加えてくれました。一番明るいだけじゃなく、若い人にとってはとても大切なもので、いつも家で丁寧に保管されている、と。だから、「国が暗い状態の中、家の中でとても大切にしてきた、一番明るい光を持って集まった韓国の人たち」なのだと。

　私たちは群衆としてのパワーだけでなく、そこに参加する一人一人がどんな思いで現場に駆けつけているのか、もっと目と耳を凝らして知ろうとしなければならないと思います。

　今回は参加者に若い人が多いとも言われています。若い人たちがどんな思いでここに集まったのか、少しですが想像してみましょう。

　若い人たちの自由発言を聞いていると、セウォル号沈没事件や梨泰院雑踏事件で多くの若い命が失われたことも国家に対する不信、怒りとして胸の奥にあることが感じられました。
ある市民活動家は、ノーベル文学賞を受賞したハン・ガンさんの小説『少年が来た』を読んでいた若い人が多かったと教えてくれました。

　「『少年が来た』は、1980年、戒厳令下で民主化を求める市民たちが軍に虐殺などの武力弾圧を受けたことの苦しみや悲しみを描いたものだが、それが現実として迫ってきた。その時の衝撃をもって国会前に向かった若者は多いと思う」と話しました。

　そのハン・ガンさんはストックホルムでの受賞記念講演で「過去が現在を助けている。死んだ者たちが生きている者を救っている」と語っていますが、まさにそのようなことが起きていると思えるほどです。

また、ある友人の記者は戒厳令が宣布された日、浪人中の息子がいなくなったので心配していると、戻ってきた息子は、国会前に行ってきたと言ったそうです。その訳を訊ねると、「当然でしょ」という答え。友人は、普段政治の話をすることもない息子の言葉に驚いたそうです。その時思い出したのが、2016年朴槿恵弾劾のろうそく集会に一度だけ連れて行ったこと。息子は当時11歳でしたが、とても細かいことまでよく覚えていました。子どもは大人が幼いと思っていても、大人の姿を見ているのだと話してくれました。

　大田(テジョン)から来て集会の舞台で発言したヤン・ソヨンさん(20代)は、「私は海が大好き。海に生きる生き物も大好き。尹大統領でなければ福島原発の汚染水をあんなに簡単に許さなかった、だから大統領を選ぶのは大事だ」と訴えました。

フェミニストたちは歌って要求する！
尹錫悦は退陣せよ！

　可決の時間が刻々と迫る中、舞台には30人近くのフェミニストたちがずらりと並び、各自が一文字ずつさまざまな色とフォントのプラカードを掲げました。バックには5本の旗がはためいています。

　「フェミニストが要求する！　尹錫悦は退陣せよ！」

　その前にギターを抱えた一人の歌手がすっと立ちました。黒いロングコートをなびかせ、クールな雰囲気の凛とした佇まいに釘づけになりました。その人は、ソウル生まれのマルチ・アーティスト、イ・ランさんです。

　一緒に合唱するのは、合唱グループ「オンニ・クワイヤ(知っ

ているお姉さんたち)」や韓国サイバー性暴力対応センターなど女性団体のメンバーです。

イ・ランさんの歌とフェミニストらによる合唱の舞台
＝韓国ソウル、2024年12月14日（撮影：岡本有佳）

　2曲目の「オオカミが現れた」はチェロの音とイ・ランさんの語りで始まり、「私の友達はみんな貧乏です／この貧しさについて考えてみてください」と格差や不平等について呼びかけます。そして、社会が、当たり前のものを要求する人々を"魔女・暴徒・狼・異端"という危険な存在として名指し弾圧する時、貧しく無力な人々がどのように抑圧されたのか、また差別に立ち向かいどのように抵抗してきたのかを歌っています。「そう、私たちが現れた」という意味が伝わるように歌詞を書いたそうです。

オオカミが現れた(늑대가 나타났다)

朝早く貧乏な女が餓死した子供の死体を抱き
貧乏な人々の村を 泣きながら通り過ぎる
魔女が現れた (合唱)
良いパンは金持ちに買い占められたことを
知った人々が棒と熊手を持って 城門を叩く
暴徒が現れた (合唱)
お腹をすかせた人々は野原の豆を拾っては食べつくし
金持ちの穀物倉庫を襲撃した
オオカミが現れた (合唱)
仕事しては心配し労働しては
悲しさに泣き 心の底から笑えない
礼儀正しい人々が走りはじめた
異端が現れた (合唱)

都市の城門は固く閉ざされて鍵がかかり 門の外には人々が
魔女が現れた (合唱)
都市の城門は固く閉ざされて鍵がかかり 門の外には人々が
暴徒が現れた (合唱)

私の友達はみんな貧乏です
この貧しさについて考えてみてください
オオカミが現れた (合唱)
それはそのうちあなたにもふりかかるでしょう
この土地には衝撃が必要です

異端が現れた（合唱）

私の友達はみんな貧乏です

この貧しさについて考えてみてください

魔女が現れた（合唱）

それはそのうち あなたにもふりかかるでしょう

この土地には衝撃が必要です

暴徒が現れた（合唱）

私たちは役立たずではありません

あなたたちが食べるパンをつくるだけでも

オオカミが現れた（合唱）

葡萄酒を醸造しても食べられるのはそのかすだけ

子供を飢え死にさせるわけにはいかないのです

魔女が現れた（合唱）

2024.12.14 イ・ラン（Lang Lee）－オオカミが現れた（There is A Wolf）
National Assembly Live
12月14日の弾劾可決集会での舞台の様子をイ・ランさんが後日制作した動画

"構造的な性差別はない"と
女性政策を後退させた尹政権への失望と怒り

　今回の弾劾集会の大きな特徴は、20～30代の女性が多かったことです。ソウル市生活人口データによると、7日の弾劾集会では20代女性の割合が18.9%で最も高く、参加者全体で女性の割合が男性を上回りました。14日、弾劾集会をした汝矣島では多い順に、25～29歳女性4万5000人、20～24歳女性4万1000人、30～34歳女性3万4000人、45～49歳女性3万人、50～54歳男性2万9000人でした。一方、尹大統領支持集会をした光化門では70代が最多でした。【図参照】

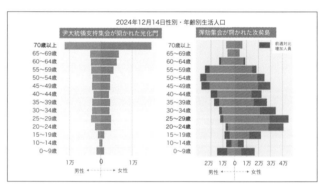

ソウル市生活人口データからニュース打破が作成したグラフ
2024年12月19日ニュース打破記事より　https://newstapa.org/article/swt9L

　これには尹政権の行った女性政策に一因があります。尹錫悦は大統領選で女性家族部廃止を公約に掲げ、"構造的な性差別はない"と発言しました。性暴力防止と被害者支援の予算を削減するなど性暴力を構造的になくす政策はことごとく縮小されまし

た。さらに尹政権は、同意のない性行為を犯罪とみなす、いわゆる「不同意姦淫罪」の導入を拒否し、女性・市民団体から糾弾されました。女性家族部は強い反対にあい、現在も廃止されていません。しかし今年2月、長官が辞任した後、いまだ空席のままです。

ある女性記者は尹錫悦を"女性嫌悪の大統領"と評しました。

弾劾可決の瞬間

さて、弾劾可決の瞬間です。韓国国会は午後4時過ぎから本会議が始まり、集会に参加した市民たちは舞台の大スクリーンで生中継を見守りながら、「尹錫悦弾劾！」と叫んで歌を歌い、応援棒を振って待っています。

国会議長が「可（賛成）204票、否（反対）85票、棄権3票、無効8票で（大統領弾劾訴追案が）可決されたことを宣言します」と発表されるや、市民たちから一斉に大歓声が沸き起こりました。隣の人と抱き合う人、踊り出す人、泣き出す人……少女時代の「Into The New World」が流れるなかで、それぞれの表現で喜びを分かち合っていました。

弾劾可決の直後、喜びに湧く集会の様子＝韓国ソウル、2024年12月14日（撮影：岡本有佳）

この日、ソウルでは200万人でしたが、全国各地でも弾劾を求める集会は開かれていました。大邱・慶北5万人、釜山5万人、光州4万人、慶南3万人、全南2万人、全北2万人、大田1万5000人、蔚山1万人、済州島1万人、江原5千人、忠北5千人、忠南3千人＝全国合わせて225万8000余人（主催者発表による）。各地の様子を写真で見ることができます。

―――

〈追記〉

　寒波と大雪が襲った1月4日夜から5日明け方にかけて、大統領官邸前の漢南大路では大統領退陣を求める市民たちの抗議は続いていました。雪が降りしきる中、一晩中アルミ防寒シートを被り、道路に座り込んだままの市民たちの姿は多くの人の心を打ちました。SNSでは「寒い冬、写真一枚で胸がいっぱいになる」などのコメントが溢れました。翌朝私もFaceBookで写真を見た時、一瞬何が起きているのかわからないほど驚き感動しました。

　その心と姿を描いた二人のアーティストがいます。チャン・ジェヒ作家とイ・ジョンホン漫画家です。人々の行為に心を動かされる表現者は次々と現れます。

チャン・ジェヒ作家
《ありがとう、ごめんね、
眩しい少女たちに：
キセスデモに寄せて》
（提供：チャン・ジェヒ）

　チャン・ジェヒさん（34歳）の絵はSNSに投稿されるやたちまち100万近く再生されました。絵のタイトルは《ありがとう、ごめんね、眩しい少女たちに：キセスデモに寄せて》です。15ヶ月目の娘を育てるチャンさんは「その夜、家で暖かい布団で寝ていたことが申し訳なく、20〜30代女性たちの勇気と連帯の心があまりにも眩しかった。その心を真似して学ぼうと誓いながら、力不足ですが描いた」と語ってくれました。原画（本書裏表紙）では鼻や手先が赤くなっています。「これは必ず入れなければ」と思ったそうです。

　キセスデモとは、アルミ防寒シートを被った市民の姿が、KISSESチョコレートに似ていることから付いた名前です。

ぼたん雪にも漢南大路を守り抜いたキセス団に捧げる映像
https://youtu.be/pDyVP3leVMs?si=k8_YS-tPsSVyj1Gr

　ところが程なく極右アカウントでチャンさんの絵を無断盗用し、毀損したのです。尹錫悦を支持する太極旗部隊の象徴である「太極旗」などが追加され、添えられた言葉も「ありがとうございます。お年寄りの皆様、もう20〜30代が一緒に守ります」と変えられていました。最初は無視しようかと思ったチャンさんでしたが、20〜30代が闘わなかったら市民たちは殺されたり勾留されていただろう、この少女たちとろうそく市民の心を守らなければならないと思い、闘う決心をしました。すぐに著作権法違反容疑などで訴えました。

イ・ジョンホン漫画家
《ありがとうございます。
ごめんなさい。応援しています》
21×21cm
（提供：イ・ジョンホン）

イ・ジョンホンさん(49歳)は漫画家。「厳しい寒さの中で雪に降られながら夜を徹してその場を守る方々のために何かしなければ」と思い、「連帯の心を絵で表現した」と言います。「絵の主人公は一人ですが、その方に『あなたは一人ではありません。市民みんながそばで応援しているので力を出してください』という気持ちを込めて描いた」と。イさんは12月22日、ソウル南部の南泰嶺(ナムテリョン)で農民たちのトラクターデモの時、娘や息子のような若者たちが農民たちのデモを手伝う絵や、1月5日、フランシスコ修道会がトイレを開放し、応援棒を持って市民をトイレに案内する神父を描いた絵などもあります。

　「少なくとも一度でも行って一緒に楽しんで、心を添えて来てほしい」というイさんの言葉に共感します。今後も可能な限り、韓国の現場に足を運んで韓国の歴史的文脈を理解しながら個人の営みに目を向けていきたいと思います。

参考:「キセスデモ隊の絵」原作者「彼らがみんなを救いました」
オーマイニュース　2025年1月20日
https://www.ohmynews.com/NWS_Web/View/at_pg.aspx?CNTN_CD=A0003097512
キセス団描いた漫画家「慰めになる絵描きたい」
市民メディア・タンポポ　2025年1月8日
https://www.mindlenews.com/news/articleView.html?idxno=11395

本稿は1月5日に生活ニュースコモンズに
掲載した原稿を元にしています。

イ・ラン インタビュー

「私たちはいつもここにいた。見てなかっただけ」

独立映画監督であり作家、シンガーソングライターのイ・ランさん（提供：イ・ラン）

　14日の弾劾集会でイ・ランさんと合唱団の歌とパフォーマンスを見て、ぜひ話を聞きたいと滞在期間が残り3日でしたが、あらゆるツテを辿って連絡を取りました。東京に戻る17日、ようやくイ・ランさんに会うことになりました。

　今回の弾劾集会では20〜30代の女性が多かったと多くの人が指摘しています。それについてどう思いますかと訊ねると、

　「私たちはいつもここにいた。多くの人が見てなかっただけ」とイ・ランさんはキッパリと答えました。

　「かわい女子学生たち多いねとか韓国のおじさんたちは言っていますが、私たち女性にはマイクがなく、舞台に上がる機会もほとんどなかっただけ。1980年の光州（クァンジュ）のこと〈注〉とも連結するんですが、記録に残るのはいつも男性が中心です。光州でも女性がいて、青年がいて、障がい者がいたのに……」。

注：光州事件：当事者らは光州民衆抗争と呼ぶ。1980年、全斗煥率いる新車部が、拡大した学生の民主化開争と労働者の生存権闘争を鎮圧し権力を掌握するために非常戒厳令拡大措置を敢行（5・17クーデター）。これをきっかけに全羅南道光州市を中心に5月18日から27日まで展開された民衆闘争。一時は光州にコミューン的開放空間が実現した。これに対し、政府は空輸部隊を投入し無差別な暴行や虐殺を行った。韓国現代史の重要な転換点となった。
その後民主化が進み、95年「5・18民主化運動等に関する特別法」制定で、全斗煥、盧泰愚ら責任者が有罪判決を受けた。

女性はいつも広場にいた

〇〇はいつも広場にいた

FDSC（フェミニスト・デザイナー・ソーシャル・クラブ）制作のプラカード

　だから、「女性はいつも広場にいた」というプラカードを作ったと、FDSC（フェミニスト・デザイナー・ソーシャル・クラブ）が作成したさまざまなプラカードを見せてくれました。「女性」という部分を「青年」「障がい者」「移民」「クィア」などと入れ替えるよう工夫されたプラカードもありました。

　舞台でイ・ランさんとフェミニストたちが、「フェミニストが要求する！」と言ったとき、笑っているおじさんもいたそうです。その時のことをマンガにした作家がいました。

@susisaeng_suck

　また、この集会の数日後、イ・ランさんが14日のデモのビデオをX（旧Twitter）にあげたところ、ある日本の男性からこんな書き込みがあったそうです。

　『なんともかわいい女子大生によるデモ活動。いいビートで平和的です。伝えたい事があるから声を上げるって大切』。

　「それで私はこう書きました。『私は39歳です。』（笑）」

みんなと一緒に歌える、
みんなの記憶に入ることができる歌を作りたい

　12月14日に、イ・ランさんと共に、舞台に上がったのは、"非婚、クィア、フェミニズムを歌う" ことを標榜する合唱グループ「オンニ・クワイヤ（知っているお姉さんたち）」のほか、フェミダンダン、炎のフェミアクション、FDSC、韓国サイバー性暴力対応センター、韓国女性の電話のメンバーの人たち、総勢30人です。

2016年朴槿恵弾劾ろうそく集会で「調律」を歌ったハ・ヨンエさん

　もともと人が集まって歌う合唱が好きだったというイ・ランさん。大学卒業後、自分の話を楽曲にすることを10〜60代までの女性たちに教えていました。3枚目のアルバムを作る時、合唱が必要だと思い、メンバーを探しました。そんな時見たのが、2016年朴槿恵弾劾ろうそく集会のかっこいい舞台です。ハ・ヨンエさんが歌った「調律」です。「眠るお天道様よ　もう起きて

ください／昔の空の光のように一度調律してください」と、光化門広場を埋め尽くしていた市民たちがハ・ヨンエさんの歌声に合わせて「調律」を一緒に歌ったことに感動し、今も鮮明に覚えていると言います。

「いつか自分もこんなふうに集会でみんなと一緒に歌える、みんなの記憶に入ることができる歌を作りたい」と思ったそうです。

そして作ったのが、弾劾集会で歌った「オオカミが現れた」でした。

「たくさんの集会やデモでこの曲がリクエストされます。『オオカミが現れた!』のフレーズをみんな一緒に叫びます。オオカミの部分を自分の名前に替えてみてと言ったりします」とイ・ランさん。看護師の集会では「看護師が現れた!」というように。

歌われた歌と歌われなかった歌

12月14日の弾劾集会で歌ったのは3曲。

1曲目は「世の光たち (빛)」。

クィアの人はカミングアウトもできず、自殺者も多く、葬儀をしないことも少なくないそうです。「韓国の葬式は家父長的なので、お互い治癒が必要」。そのために作った歌だと言います。

歌詞には「悲しんでいる、孤独の中にいるあなたこそこの世の光だ」とあります。「2016年はろうそくが美しかった。今回はLEDの応援棒。消えない光たち。そこにつながりますね」とイ・ランさん。

2曲目は「オオカミが現れた (늑대가 나타났다)」。

この歌は、2022年に開催された第43回釜馬抗争記念式でイ・ランさんが依頼され歌う予定でしたが、行政安全部が歌の

変更を要求。歌えなくなりました。総演出のカン・サンウ監督とイ・ランさんは芸術検閲の危険性と表現の自由に関する問題として見過ごせないと、2023年末から、韓国政府や主催財団を相手に訴訟中です。抵抗の一つとして、支援を募りミュージックビデオを制作中です。

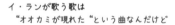

@susisaeng_suc

3曲目は「私たちの部屋 (우리의방)」。

イギリスの作家ヴァージニア・ウルフの『自分ひとりの部屋』を読んだ時、"自分だけの部屋"を持てない女性がとても多いでしょ、お金もないしどうするの？ と思って作った歌です」。

オンニ・クワイヤと共に合唱した「私たちの部屋」

最後にイ・ランさんが教えてくれたことがありました。
K-POPの歌が集会現場でたくさん歌われていると報じられていますが、BIGBANGやPSY（サイ）の歌が流れると、フェミニストたちは顔の前で手をエックスにして「이거 아니지 (これじゃないでしょ〜)」と抗議したそうです。それを受け止めた主催者側がプレイリストから除き、誰でもプレイリストを申請できるGoogleフォームを公開しました。

「20〜30代の女性が中心となった今回の集会文化において、女性嫌悪の歌詞と女性を性的に蹂躙する文化を共有したエン

ターテインメント会社やアーティストを拒否するための動きの表れだと思います」とイ・ランさんは語りました。

―――――

イ・ラン

1986年ソウル生まれのアーティスト。2012年歌手デビュー。3枚目のアルバム『オオカミが現れた』を発表、第31回ソウル歌謡大賞「今年の発見賞」、第19回韓国大衆音楽賞「最優秀フォークレコード賞」と「今年のレコード賞」を獲得。
韓国芸術総合学校で映画演出を専攻した後、ミュージックビデオ、短編映画、ウェブドラマの監督としても働いており、主舞台で活動する韓国と日本両国で数冊のエッセイ、小説集を発表する多才なマルチアーティスト。
著書に『悲しくてかっこいい人』(リトルモア)、『私が30代になった』(タバブックス)、『アヒル命名会議』(河出書房新社)など。

言論弾圧に抗う①

独立メディア　ニュース打破(タバ)

尹錫悦(ユンソンニョル)大統領はなぜ非常戒厳令を宣布したのか。それに対し、市民たちがなぜこれほど抵抗しているのか。尹政権がどのような政策を行い、それが社会でどう受け止められてきたのかを抜きにしては、この事態が理解できないのではないかと思います。そこで尹政権による言論弾圧と闘ってきた探査報道専門の非営利独立メディア「ニュース打破」代表のお話を聞くことにしました。

ニュース打破
探査報道専門の非営利独立メディア(探査報道とは、日本では調査報道を指す)。2012年、李明博(イ・ミョンバク)政権から朴槿恵(パク・クネ)政権にかけての9年にわたる報道弾圧の中、公共放送を解雇・辞職した記者らが非営利で探査報道をする韓国唯一のメディアとして立ち上げた。広告は取らず、全て市民の支援で運営されている。2024年末現在会員は約4万9200人。職員は約52人。尹政権の報道弾圧下でむしろその数は増加しているという。毎日配信しているニュースの視聴回数は、少ないもので10数万。100万を超えるものも非常に多い。

　代表のキム・ヨンジンさんは元々公共放送KBS調査報道チームのチーム長でした。私は2018年に映画『共犯者たち』(崔承浩(チェスンホ)監督)日本上映に関わって、それ以降、韓国の独立メディアの取材を続けています。この映画は2008年、李明博(イミョンバク)政権から朴槿恵(パククネ)政権にかけて9年にわたり行われた報道弾圧と、それに放

送人たちがいかに抵抗したのかを描いたドキュメンタリーです。当時、公共放送を解雇されたり、辞職した記者たちが集まって始めたのがニュース打破でした。

ニュース打破
キム・ヨンジン代表

突然の非常戒厳令宣布

―― 12月3日夜の戒厳令から今までの経過をキム・ヨンジンさんはどのように見ていましたか？

キム・ヨンジン代表(以下、キム) 12月3日の夜、突然、尹錫悦氏と今は呼びましょうか、尹錫悦氏がテレビに出てきて非常戒厳令を発令しました。非現実的で驚くべき出来事でしたが、発表後市民たちはすぐに国会に駆けつけました。野党議員も駆けつけ国会の中へと入っていきました。その目的は、戒厳令を解除するための法案を通すためです。戒厳令は大統領が宣布しても、議員たちが過半数以上で反対をすると解除できると決められています。その意味で国会が非常に大事な場所でありました。

同時刻どのようなことが起きていたか。韓国には特殊戒厳軍の特殊任務部があり、その部隊員たちが戒厳令発令後、主にヘリで国会へ向かいました。侵入するためでしたが、その後の報道では、政治家らを逮捕するための行動だったことが明らかになってきています。

国会の正面では、警察や軍と市民や国会議員の衝突というか、攻防戦がありました。日本の視聴者の方々も映像で見たかもしれませんが、国会議員たちが、国会に入ろうとしてさまざま

な攻防戦がありました。最終的には190人の議員が国会本部に入れて、解除案を可決したんです。190人全員が反対をしたことになります。その時刻が12月4日午前1時頃ですね。

ちょっと不思議な部分もあって、その頃大統領室からは取り立てて反応がなかったんですね。ところが戒厳令解除要求の決議案が可決されて約3時間後、大統領からの発言があり、国務会議をして解除の動きをすると発表がありました。国務会議で最終的な解除案が通らないと、解除には至らないんです。それを経て最終的には6時間後に無効になりました。この6時間というのは非常に緊迫したものでした。

その後、怒りが全国民に広がりました。このような政権は許せないと。国民の怒りに野党が応答して、大統領弾劾案の準備をし始めました。そして12月7日に発議されました。

弾劾案の決議に向けて

この数日、いろんなことがありました。尹大統領の出身である沖岩高校の先輩金容賢が国防長官でした。彼は戒厳令の首謀者と言われ、逮捕されました。さらに調査が進む中、野党「共に民主党」李在明代表や野党の政治家、市民活動家、ジャーナリストなどが今回逮捕の対象だったことが徐々に明らかになっていきました。こうした経緯も含め、ニュース打破ではこれを「内乱」と呼んでいます。こうした状況の中で弾劾案の準備は進んでいったのです。

その過程の中でまた一つの動きとして、与党「国民の力」韓東勲代表がいます。彼は、弾劾賛成のように発言したこともありましたが、行ったり来たりしながら結局弾劾案の決議直前、「国

民の力」は参加しないと表明しました。事実上、弾劾案に反対するということですね。韓国の法律では国会議員300人のうち200人が賛成をすると決議が通りますが、当日国会から退場した議員がいて、国会には200人が残っていない状態でした。つまり、決議が決まらない状況ではあったと言えます。

否決後の8日、韓東勲代表と韓悳洙(ハンドクス)国務総理が共同声明を出しました。「尹氏を早期退陣させる。混乱を防ぐため、その間2人で共同運営を行う方針である」と。何を言ってるんだと国民たちの怒りを買いました。

運営権などはもちろん国民が決めるものです。少なくとも国民の代弁者である国会が決めるべきものなのに、こんな一方的な発言をしたことで批判が広がっています。また9日、第2次弾劾案の日程が発表されました。12月14日、弾劾決議を行うことが決まりました。

7日には与党「国民の力」の議員はほとんど参加しませんでしたが、今回は反対でも賛成でも参加すべきであると国民の中でも言われています。つまり、14日の決議の際にどのような行動を取るのかが非常に注目されています。

—— キム・ヨンジンさんは12月3日にはどこに居て、どういう状況だったんですか？

キム　そのとき私は友人たちと食事をしていました。SNSをチェックしていたのですが、戒厳令が出たというニュースを見ました。ただ、あまりにも突拍子もないニュースでしたので、最初はフェイクニュースだと思って無視していました。ところが、ニュース打破の取材チームから電話があり、戒厳令が出されたと聞き、

非常に驚きました。その後、ニュース打破の本部にチームで集まり対策会議をしました。この状況で戒厳軍が来たらどうしようか、ニュースが続けられるようにするにはどうすればいいかという対策会議をしたんです。しかしそこまでの状況にはならなかったので、ひとまずは安心して、その後何をしていくかという会議を続けていました。

── ニュース打破ではそれ以降、「尹錫悦の内乱」と題して毎日配信を続けていらっしゃいますね。いくつかご紹介ください。

［尹錫悦の内乱］「常設特検へ行く。検察は手を引け」より
（提供：ニュース打破）

キム 12月9日配信した［尹錫悦の内乱］「常設特検へ行く。検察は手を引け」(11分15秒)で、約67万回再生されています。今回の内乱事件に関して、検察が捜査すべきではない理由について説明したものです。尹政権は検察政権であると言えます。彼が検察長官を務めた経緯もあるからですが、中でも夫人である

金建希(キムゴンヒ)氏の不正について検察がきちんと捜査をしないままです。夫人はドイツモータースという会社の株価を操作した疑惑があります。この事件をニュース打破はずっと追ってきました。その他にもブランドのディオールのバッグを賄賂で受け取った疑惑もあります。これについて検察は1回だけ捜査をしましたが、そのときも金建希氏が指定する場所で、検察側が携帯電話を奪われた状態でした。これをきちんとした捜査と言えるでしょうか? それらを含め、今回の内乱に関する捜査を検察がすべきではないことを説明している報道です。

―― 動画にも出てきましたが、2022年暮れにニュース打破も家宅捜査を受けましたよね。それも含め、尹政権ではどのような言論弾圧が今まで続いてたのでしょうか?

キム 言論弾圧の代表的なターゲットがニュース打破だったと言えます。その経緯を説明するのは大変なので割愛しますが、たとえば明日12月10日も裁判があります。尹大統領に対する名誉棄損罪でニュース打破が訴えられていています。今回で10回目で、一日中捜査を受けることになるので、その日は自分たちの仕事ができません。 このような態度で国民に接している大統領に名誉があるのかという部分も含めて、名誉棄損罪で訴えられている私たちとしては本当にもう馬鹿馬鹿しいとしか言いようがない状況です。

家宅捜査は2023年9月14日、ニュース打破本部だけではなく、記者2名が自分のPCやスマートフォンなどを奪われて、通信記録も捜査対象になりました。また、出勤禁止が1年程度続いたわけです。私たちニュース打破以外にも、京郷(キョンヒャン)新聞や放送局

JTBCも捜査対象となりました。事態は今も続いています。

　その経緯としてニュース打破は、2022年3月、大統領候補者だった尹氏の検察時代の不正について報道をしました。それに対する反撃であるとしか言いようがありません。これについて報道したKBS、MBC、JTBC、YTNなども対象になりました。韓国には放送審議委員会(注)があり、そこから懲戒処分を受けることもありました。

　また、有名な事件ですが、アメリカでバイデン大統領との委員会の席で、尹錫悦氏がバイデン氏に対しスラングを使う場面がありました。それをMBCが報道したんですが、それをきっかけにMBCに対する弾圧が始まりました。大統領取材に関してMBC記者を排除するなど幼稚な弾圧がありました。また、KBSやMBCの社長への弾圧も起こり、最終的にKBSでは尹錫悦氏の関係者が社長になることも起きてしまいました。つまり、尹政権初期の段階から言論弾圧が継続していることも、言論の自由をも禁じるような戒厳令を出したことの背景の一つにあるのだろうと思います。

—— ニュース打破も取材していますが、現場の市民たちの様子はどうですか？

キム　8日夜の国会前のニュース映像「再び集まったろうそくたち、「APT.」合唱で韓東勲、検察の2次内乱を防ごう」(5分)です。42万回再生です。

———

注：放送と通信に関する規制と利用者保護などを行う中央行政機関。

「再び集まったろうそくたち、「APT.」合唱で韓東勲、検察の2次内乱を防ごう」（提供：ニュース打破）

　3日夜、戒厳令が出た直後から市民たちが国会前に集まり始めました。戒厳軍に対して武器も持たずに素手で向かっていき、血を流さずにそれを止めたことは世界的にも報道され、私も本当に感銘を受けました。

　毎日デモが起きていますが、私も変化を感じています。若者の参加が非常に多いんですね。朴槿恵弾劾のろうそくデモと同じく、運動歌などをみんなで歌いながらやっています。若い人たちが前に出て自由に発言をし、まるでお祭りのような雰囲気でもあります。

　朴槿恵弾劾のろうそくデモでは、キャンドルでしたが、今回はアイドルのコンサートで使う光る棒、応援棒を持って若い人たちがK-POPを歌いながら参加しています。K-POPをそのまま歌ったり、尹錫悦弾劾という歌詞を入れ替えて歌ったりしています。ロゼの「APT.」という曲が今すごく流行っています。リズムが単調で歌いやすい。ただ報道は著作権問題があり、現場の音を活かすのが難しいんです。そのまま流すとYouTubeから警告が来

てしまうので、なかなか映しきれないというジレンマがあります。

―― 今回の弾劾集会には20～30代の女性たちの参加が多いそうですが、尹政権のどんなところに反応していると思いますか。
キム どの国でも若者の政治参加度、関心は低いと言われている中で、私自身も驚いた現象です。私のような既存世代が若者たちを一面的に見ていたのではないかという反省もしました。尹政権は正義、共存、常識のような言葉が語られていましたが、実際は全く反対のことが起きていることに対する怒りもあるでしょう。若者の関心が高い気候危機への対策が足りないことへの怒りもあります。さらに金建希氏の不正に対する対応にもう我慢ができないということが現れてきているように思います。

―― 最後に日本の市民の皆さんに伝えたいことがありましたら。
キム 今後、第2弾劾案が評決されるので、可決されれば正しい未来へ向かうだろうという希望もあります。日本の皆さんには一緒に関心を持って見守ってほしいです。活動している韓国の人々への支援を、気持ち的なサポートも含めてしてもらえたらなと思います。民主主義は、政治家や権力者が作るものではなく、市民の力でなすべきものです。今回の事態で韓国もまた新たな教訓を得ましたが、民主主義へ向かう歴史の新たな扉を開いたという思いもあります。日本の皆さんとも連帯しながら民主主義を作っていきたいと思っています。

本稿は12月11日に開催した生活ニュースコモンズの
オンライントークを要約したものです。

言論弾圧に抗う②

メディアを監視する 民主言論市民連合

政権の言論弾圧に対して、言論人と共に闘ってきたメディア監視をする「民主言論市民連合」(以下、民言連)にお話を聞きます。70〜80年代の言論の民主化の中で生まれ、昨年40周年を迎えました。現場に連日行かれているお二人、事務所長シン・ミヒさんと、参与チームのチーム長キム・ボムビッナレさんをお迎えしました。

民主言論市民連合

1984年、軍事独裁政権による言論弾圧で解雇されたジャーナリストたちを中心に創立。雑誌『マル』の創刊、軍事独裁政権による検閲だった「報道指針」を暴露、世界でも稀な国民株主制をとるハンギョレ新聞(日刊の全国紙)の創刊も主導した。その後、市民運動に発展し、メディア監視を続けている。力を入れているのが選挙報道の監視で、そのほかアンチ朝鮮運動、新聞改革立法促進、総合編成の監視、公営放送の正常化運動などを繰り広げている。

まず、尹政権でいかに政治介入が行われているのかを民言連ホームページで特集しているので紹介します。尹錫悦(ユンソンニョル)政権の言論掌握の記録と公共放送MBCの弾圧日誌です。起きたことを忘れないよう記録する。同じようなことを再発させないための記録は大変意味がある行為です。両方ともにPDFで無料ダウンロードできます。

現場はどうなっているのか

　12月7日、汝矣島(ヨイド)にある国会前の様子です。皆さんもネットで見ているかもしれませんが、すごいですよね。尹錫悦弾効案の可決のために与党「国民の力」の議員たちに審議への参加を促している場面です。9日午後には、同党本部を包囲して「内乱同調した国民の力」という大きな垂れ幕をズタズタに破ったそうです。

12.3内乱事態を起こした尹錫悦大統領弾効案が国会で評決される予定の12月7日午後、汝矣島の国会前に集まった市民たちが、尹錫悦大統領弾効案の可決と国民の力の議員たちの参加を促している（出典：オーマイニュース、クォン・ウソン記者）

この空から撮った写真では、左側奥にドームの形の建物が見えますが、これが国会議事堂です。国会議事堂前に大きな大通りがあり、その道路全体を埋め尽くす感じで多くの市民たちが集まって集会をしている様子です。真ん中の大通りだけでなく、右側にも大きな道路があり、また後ろ側の公園にも市民がたくさん集まっていました。一枚の写真ではそこまで撮れない状況でした。

12月4日、光化門広場にて（提供：民言連）

キム・ボムビッナレ チーム長（以下、ナレ）　非常戒厳令が出た翌日12月4日、光化門広場に集まっている様子です。この時は紙コップの中にろうそくを入れています。プラカードには「尹錫悦

参与チームのチーム長
キム・ボムビッナレさん

退陣」と書かれています。4、5、6日は平日にもかかわらず多くの市民が光化門広場に集まり声を出しました。光化門広場は近くに青瓦台（大統領邸）があったところです。

「内乱首魁」尹錫悦即時弾劾市民ろうそく集会が9日午後、ソウル汝矣島の国会前で開かれた。歌手の応援棒を持った市民が多く参加している
（出典：オーマイニュース、クォン・ウソン記者）

光化門広場から汝矣島の国会前へ

　6日に、国会議事堂のある汝矣島に移動しました。7日の土曜日は、主催発表で100万人以上が集まり、8日は公式的に集会がなかったにもかかわらず自発的な市民が4万人以上も集まりました。写真の9日には、「内乱首魁尹錫悦を直ちに弾劾しろ」という声をもっと届けようと、応援棒を持っています。

　12月6日から7日あたりで大きな変化がありました。7日夜になると、手にアイドルグループのペンライトを持っています。韓国で応援棒と言います。光化門広場ではキャンドルでしたが、

20代30代、さらに10代の市民、特に女性の参加が増えるにつれ応援棒を持ってくる人が多くなりました。

　12月11日、野球の応援歌で「そろそろ出番だよ」は元々の歌詞です。「そろそろ出番だよ」って歌うと、集まった市民たちが「尹錫悦弾劾！」って叫んでいるんです。

12月11日、汝矣島の国会議事堂前、歌を歌いながら「尹錫悦 弾劾！」と叫んでいる様子
（提供：民言連）

—— 見ていると、一緒にやりたくなってきます。

シン・ミヒ 事務所長（以下、ミヒ）　今回の集会では特に20代30代の女性の参加が多いことが大きな特徴として挙げられます。K-POPを一緒に歌い踊りながら、「尹錫悦弾劾」、「国民の力解体」と一緒に叫び続ける。まさに1つのフェスティバル、祭りのような感じです。

女性政策を後退させた尹政権への怒り

—— 20代から30代の女性が多かった理由ですが、尹政権の女性政策がすごく後退したことがあるのでしょうか？

ミヒ そうですね。まず、尹政権は反女性的、反人権的な政策でした。候補者の時から、女性家族部を撤廃させると言ったり、性暴力の罪に関して無効罪を政策としてあげるなど反女性的な政策を前面に出した人です。大統領だけではなく与党も、大統領選挙や総選挙でも女性嫌悪的な発言をしてきました。

事務所長シン・ミヒさん

　尹大統領当選後、与党と一緒に女性家族部廃止案を発議しましたが、大きな反対にあって実現せず、2023年10月、女性家族部長官に金杏(キム・ヘン)を任命しようとしましたが、この人物には不正疑惑があり、結局任命できませんでした。今なお空席状態が続いています。

　さらに、女性政策自体を無力化させる動きがありました。たとえば、女性家族部の年次計画の中で、「女性」、「性平等」、「ジェンダー」という言葉を削除しました。このように政権自体が、反女性、反人権的な基盤を持っているので、女性だけでなく、市民社会の中でも強い反発を買っているのです。ですからそれに対する抵抗の声が今高まっていると思います。

ナレ 若者の全てを代弁することはできませんが、12月3日非常戒厳令の宣布は、近現代史の教科書でしか見たことない、全斗煥(チョン・ドゥファン)時代の話です。今まで教科書でしか学んだことないこと、民主主義社会における公正、常識が完全に崩壊したことを目の当たりにして、それがまさに民主主義の意識を爆発させた起爆剤となったと思います。だから誰かに誘われたわけではないのに、自発的に参加することになったのでしょう。

メディアでよく見る集会は、ちょっと暴力的で、参加しにくいんじゃないかと思うことがありました。でも実際に現場に行くと、K-POPを一緒に歌いながら、お互いに温かいお茶を分け合う雰囲気を見て、多くの人が参加できたのではないかと思います。これは興味深い点でした。

ミヒ　12月11日、全国の市民運動、労働組合、宗教者も含め皆さんが集まって「尹錫悦退陣社会大改革非常行動」を立ち上げました。これは2016年の朴槿恵(パククネ)弾劾を求めたネットワークですが、その時と比較して最も違っているのが、名称の中に「社会大改革」という言葉が入ってることです。尹錫悦が退陣して終わるわけではなく、その後、改革のためにさまざまな分野の政策を市民が共に作らないといけないという意味が込められているんです。

尹政権に弾圧されたメディアと
そうでないメディアの違い

―― 民言連はメディア監視をしているわけですが、今回既存メディアや独立メディアの報道はどうですか?

ミヒ　12月3日戒厳令以降、韓国のほとんどのメディアは速報を出し、その後もリアルタイムで夜中までずっと生放送を続けています。

　尹政権に弾圧されたメディアの場合、特に公共放送KBS、外部資本に売却された24時間報道チャンネルYTNは、戒厳令が出されたのは仕方なかったという論調で擁護しているようでした。一方、戒厳令に抗議する市民の声は消極的にしか報道しなかったり……国会に出された弾劾訴追案に対しても、あまり積極的に報道していません。つまり、尹政権に掌握されたメディアと、

そうではないメディアの報道は大きく違っています。

　たとえば、KBSは、12月10日、金建希氏のディオールバッグの賄賂の疑惑の報道で、バッグをポーチと表現し物議をかもしたパク・チャンボムアンカーを社長として任命しました。彼は尹政権を擁護した人です。パク氏は尹政権の天下り社長でしたので、公共放送KBSが政権寄りになってしまうのではと、社長任命に反対するストライキを1日しました。全斗煥の時代、「KBSニュース9時」になると、全斗煥の賛美から始まったため、"テンチョンニュース"と揶揄されました。9時の時報が"テン"となると全のニュースが流れるという意味です。だから尹政権の言論弾圧によって、"テンユン"ニュースが流れるのではないかと言われていました。また、パク氏は2016年朴槿恵弾劾の時、弾劾ニュースを縮小したり遅延させた張本人です。ですから内乱罪で国民の声が高まっている中、内乱首魁である尹錫悦を擁護する行動をする危険性があるのです。もしそんなことになったら、司法的な責任を問われざるを得ないというところまで話が出ています。

　12月7日、弾劾訴追案が不成立に終わった時、内乱主犯である尹錫悦を直ちに捜査せよという国民の声が高まりました。それに対して検察、警察、そして高位公職者犯罪捜査庁（公捜庁）という3つの機関が、内乱罪に対する捜査を始めると発表しました。中でも検察が一番先に出て、実際にクーデターを主導した金容賢前国防長官を逮捕しました。内乱罪について捜査権限があるのは公捜庁や警察です。検察は捜査権限がないにもかかわらず一番先に出て、国防長官を拘束し、令状を発行しました。それはそもそも法律違反です。検察という組織は尹大統領の出身の組織ですよ。

今まで通り、警察とメディアの癒着が続く中、検察が発表する通りにマスメディアが報道するっていう形になっています。ですから検察の捜査自体が正義であるように報道されている。これは大きな問題なので、私たちは報道に対して問題性を具体的に指摘していきたいと思っています。

　市民の皆さんはきちんとした法体系の中で公正な捜査を行うべきと思っています。捜査権限がある警察と公捜庁が中心となり内乱罪、それに同調する与党などの勢力に対して、法体系に合わせて捜査するよう私たちは強く要求しています。

新たなメディアへの弾圧、そして可能性

ミヒ　現在韓国ではYouTubeの時事チャンネルが数多くあります。また、オーマイニュースなどの独立メディア、さらに新たなメディアがどんどん生まれています。そうしたチャンネルがリアルタイムで放送したり、既存メディアが報道してないことを市民たちに知らせることは、今回戒厳令を短時間で終わらせた上で大きな役割を果たしました。その中の一つ、大変人気のある「ニュース工場」というチャンネルを進行司会している金於俊（キム・オジュン）さんの自宅に軍隊が送られました。進歩的な声を出している人、市民たちに大きな影響力を持っている新たな媒体に対して弾圧したことも今回の特徴と言えます。

　非常戒厳令が宣布されたのは3日の深夜近くですから、国会の中には記者もいない、国会テレビの公務員もいなくて報道ができない状態でした。そんな状況で、「共に民主党」の李在明代表は個人で運営するYouTubeチャンネルを通して緊迫の状況を知らせたんです。他の国会議員も同様です。メディアも特

別放送を編成して流しました。それが全世界中に拡散されていったのです。このように、戒厳令が出される様子、市民たちの抵抗、国会の対応がリアルタイムで知らせることによって、戒厳令を阻止することができたと思います。

—— 12日の10時前後に、尹大統領が緊急談話発表しました。それについてはどう思いますか？

ミヒ 戒厳令が出されて大統領の2回目の談話でした。前回と同じ、今朝の談話でも真の謝罪や反省する様子は見られませんでした。主な内容として野党側は自分が選んだ国務委員を弾劾したり、主要政策に対して予算を削減したとか。だから自分は戒厳令を出したと言いました。また、一部の極右のYouTuberがよく主張しているようなデタラメの話をそのまま出し、いわゆる不正選挙説や中国介入説を理由としたんです。これはまさに韓国の大統領が非理性的で正常ではないことを示しています。このように被害妄想の中で生きている人を重要な大統領というポストにこのまま置くことはできません。内乱主犯である大統領が自分は最後まで立ち向かうと話したのですが、これは本当に本当に危険です。

こうした緊急事態の中で再び14日、国会で弾劾訴追案の2回目の評決が行われます。この日は国会議事堂前は200〜300万人を超える市民たちが集まって弾劾を求めるでしょう。1日でも早く尹大統領が職務停止にならないといけないと思います。弾劾が可決されたら、その後、憲法裁判所で弾劾審判に入ります。そこで必ず罷免が宣告され1日も早く大韓民国韓国自体が正常な国家に戻ることを願いながら民言連は最後まで闘ってい

くつもりです。

　この民主主義の危機の時期に、事実に基づく報道をしなければなりません。私たちはそれを言論のメディアの皆さんに求めています。内乱主犯・尹大統領に同調したり庇う報道をしてはいけない。それは歴史的にも司法的にも処罰しなければいけないと思います。私たちはこれからもメディアの報道自体、その資料を全部集めて間違っているものがあれば最後まで責任を追及していく つもりです。

—— 最後に、日本の人たちに何かメッセージがありましたら。
ミヒ　日本には韓国に深い関心を持つ方々がいることは私も聞いております。特に日本の市民団体の中で尹政権の不法な行為に対し糾弾し、韓国の市民たちの正義に基づいた闘いを支持していることも聞いて、とても感謝しております。韓国社会が正常に戻るよう最後まで見守ってください。
ナレ　朴槿恵大統領の弾劾以降また再びこんな事態になったことには怒りを禁じ得ません。一方、実際現場に来ていただくと、希望が溢れていることも感じられるかと思います。日本の市民社会の中でこの厳しい状況がシェアされていると思いますが、韓国市民たちが不正義に立ち向かい、必ず勝ち取ると信じて闘っていることにも関心を持っていただけたら……韓国に再び民主主義を取り戻せるよう最後まで見守って応援していただけたら幸いです。

本稿は12月13日に開催した生活ニュースコモンズの
オンライントークを要約したものです。

Column

韓国の若い女性たちはなぜデモに行くのか——怒りとフェミニズム

趙慶喜

2024年12月3日の尹錫悦(ユンソンニョル)政府による非常戒厳の宣布は、韓国政治史に大きな傷を残しただけでなく、韓国市民社会のトラウマと負の遺産を呼び起こした。国会議員や市民たちの必死の努力によって戒厳は速やかに解除されたが、無謀かつ無責任な権力者によって、韓国の憲政秩序と民主主義は一夜にして大きく揺るがされた。2025年が明けてからも政治的混乱の日々は当分続くであろう。

2024年の大統領弾劾デモは多くの点で以前とは違っていた〈注1〉。最も大きな特徴は、若い世代の女性たちが大いにデモを盛り上げていたことであった。デモの参加率のデータ(通信データをもとに推計する生活人口統計)でも、20〜30代の男女の差は歴然としていた。たとえば戒厳後の週末に行われたデモの参加率は、20代女性が18.9%と最も高く、20代男性は3.3%

と最も低かった。こうした違いはなぜ生まれるのだろうか？ 若い女性たちはなぜデモに積極的で、若い男性たちはなぜ消極的なのだろうか。本記事ではこうした問題に焦点を当ててみたい。それはつまり、女性たちのデモ参加の背景にいかなるジェンダー問題が横たわっているのか、ということである。

南泰嶺に集まった若者たち

その前に、この怒涛の2024年12月に起きた出来事について、もう少し現場の雰囲気と熱量を伝えておきたい。クリスマス目前の12月21〜22日にかけて、韓国南部の全羅道・慶尚道から来た農民たちがソウル南部の南泰嶺(ナムテリョン)で警察と対峙するという事態が起きた。農家の生活に関わる法律案を拒否した政府に反対し、トラクター37台、貨物車50数台とともに大行進をおこなった農民たちが、ソウルに入る目前で道を遮断されたのである。農民トラクターデモの企画者は、SNSを通じて緊急の呼びかけをおこなった。「市民のみなさん、南泰嶺峠に来てください」。

12.3戒厳以降、国会前と憲法裁判所前を守り集会を続ける20〜30代の市民たち。
「『南泰嶺の戦い』をつくりだした連帯の力」より（提供：ニュース打破）

その日の夜には数千人の市民が南泰嶺に集まった。先の生活人口統計によると、集まった市民のうち20〜30代女性が全体の42.64％にのぼった。多くはSNSで現場の様子を見て居ても立ってもいられなくなった若者たちであり、なかには農家で生まれ育った者たちもいた。若い男性の参加者も戒厳直後より増えていたが、参加した者たちはみな「ほとんどが若い女性たちだった」と口を揃えて言った。老年の農民と若い女性という、これまでになかった新しい連帯のかたちに市民社会は大きく鼓舞されていた。参加した若者たちは、みな思い思いの連帯の言葉を残した。

　「両親が一睡もできずにこの場に閉じ込められている。申請して許可されたデモなのになぜ警察が阻むのか」、「不条理な国家の失敗をただすために、畑仕事に使うトラクターでアスファルトを走ってきた農民たちと共に」、「農民たちが無視されることに、女性として憤りと悲しみを覚えた」、「人数が多いほど暴力的には鎮圧できないということを体感した」、「本当の世界はネットの外にあった。世界への愛を経験した」など。「南泰嶺の戦い」と名付けられた農民デモは、警察が撤収するまで28時間続いた。

　そして、国会前デモの時もそうであったように、南泰嶺でもまた多くの食べ物と飲み物、カイロ、ブランケット、耳あて、手袋など防寒グッズが誰からともなく支給された。ひときわ寒い夜であった。匿名の差し入れやシェアは、もはや韓国のデモには欠かせない文化となった。ここでもまた若い女性たちは先頭に立っていた。記事にアップされた当日の写真をみると、ティッシュやおやつや薬を詰め込んだ大きなバッグを抱えている姿、あるいはゴミを袋にまとめている女性たちの姿が目に入ってくる。若

い女性たちの連帯行動は、SNSを通じたK-POPのファンダム活動に慣れているためだというが、それだけでは説明がつかない。彼女たちはなぜそこまで動けるのだろうか。

「南泰嶺の戦い」をつくりだした連帯の力より。
『ニュース打破』2024年12月26日配信

尹錫悦政府とアンチフェミニズム

　女性たちのデモ参加の背景には、ここ数年のあいだに積み重なった尹錫悦政府に対する怒りがある。このことを見くびってはならない。韓国ではよく知られていることだが、尹錫悦は大統領選候補だった頃から「女性家族部廃止」〈注2〉を公約とするなど、アンチフェミニストたちの票集めを意識した扇動的な振る舞いをおこなってきた。大統領就任後も廃止方針を明確にし、現在までも長官不在の状態にしておくことで女性家族部を形骸化させてきた。その他にも、内閣女性クォータ制の廃止、女性の兵役義務化、女性団体に対する監視の強化など、ジェンダー問題をめぐる女性たちの取り組みを否定するような政治をおこなってきたのである。

前大統領の文在寅(ムンジェイン)が表面上はフェミニズムに親和的であったことから、メディアは「男性たちへの逆差別」という主張を文政権批判と絡めてくりかえし強調した。その過程で生まれたのが「イデナム（20代男）」という言葉で表象された「悔しい男たち」であった。アンチフェミニズムを糧に、この「イデナム」たちを支持基盤として登場したのが尹錫悦であり、また当時「国民の党」代表をつとめた若手政治家の李俊錫(イジュンソク)であった。彼らは事あるごとに「構造的な差別はなくなっている」として、ジェンダー不平等を個人の能力の問題にすりかえていった。そして彼らこそが男の悔しさを代弁してくれると思っ（てしまっ）た若い男性たちは、バックラッシュの先鋒となっていった。つまり尹錫悦政権は最初からアンチフェミニズムと社会的不平等をエンジンにして出発したのだ。

　いうまでもなく、ジェンダー平等は韓国において幻想のまた幻想である。教育における機会の平等が達成されている一方で、賃金・労働格差の面では、韓国はOECD国家のうちで性別による賃金格差が最も大きい国である。そもそも労働時間が極端に長く、男女ともに育児休暇の取得率が極端に低い。結婚・出産・育児・ケア労働のための退職は次第に減ってきてはいるが、2023年にも135万人の女性がキャリアを中断した。一度空白期間を経ると職場復帰、ましてや昇進などが難しくなるのは日本も同じだが、韓国では制度や企業文化、人々の認識などにおいてより厳しい状況にある。こうした現状こそが非婚や少子化の構造的原因である。

　にもかかわらず、女性家族部廃止を掲げた尹錫悦政府は、女性政策全般において予算を大幅に削減し、女性の役割を結婚・

出産・養育と結びつけるという、驚くべき旧時代的な政策に転換した〈注3〉。ジェンダーやケアの観点から労働条件の変化が要求されているこの時代に、政府自らがジェンダー問題への構造的な理解やアプローチを無意味なものとしたのである。もちろんジェンダーに限ったことではない。冷戦的でネオリベラルな言動を正当化する右派勢力の復活は、民主化以降の韓国社会全般において大後退をもたらしたといえる。

　他方で、ここ10年間のフェミニズムの活性化のなかで、その洗礼を受けた多くの若い女性たちの思考や感覚は、尹錫悦に代表される右派政治家たちとは全く逆の方向へと価値づけられている。彼女たちはジェンダー問題だけに限らず、LGBTQ、障害者、移住者、非正規労働者などマイノリティの人権全般への感受性が強い。さらに、セウォル号沈没事故や梨泰院雑踏事故の大惨事をリアルな痛みとして経験している世代である。いくら能力主義や公正性という言葉でオブラートに包んだところで、構造的不平等を容認し、社会的災難の危険性を放置している保守政権の欺瞞に気づかないわけがない。

　彼女たちの強みはまた、性暴力に反対する連帯運動の経験を共有していることである。2016年の堕胎罪廃止運動、2019年の#MeToo運動、盗撮ポルノ反対デモ、そして最近のディープフェイクポルノ〈注4〉反対デモなど。性暴力がより巧妙化、デジタル化するなかで、上の世代以上に構造的なジェンダー不平等が具体的な性暴力に結びつくことを身をもって感じている。女性家族部の廃止も、若い世代の女性たちにとっては、日々の性暴力がより不可視化されるという不安や恐怖の予感と直結しているのである。

このように尹錫悦政権下の3年を過ごした女性たちには怒りがある。行動する正義があり、連帯する文化がある。この根底にあるものがフェミニズムである。

「尹錫悦弾劾!」と書かれたプラカードと応援棒を持ってデモに参加する市民
=2024年12月13日、国会議事堂前
（撮影：チョウ・ミス）

怒りを共にする「異なる人々」

　2024年の弾劾デモの過程で、カラフルな応援棒を振りながら叫ぶ女性たちの存在がひときわ目立っていたのは確かである。しかし、デモに参加する若い女性たちを新しい主体かのように評価するのは正しくない。2008年の李明博政権下のろうそくデモ（米国産牛肉の輸入規制撤廃に反対した）の際も、ベビーカーを引いた若い母親たちや「ろうそく少女」と呼ばれた青少

年たちの参加が話題になった。2016年の朴槿恵退陣デモの際、若い女性たちは当たり前に存在した。そして先にみたように、近年では特に若いフェミニストたちが独自のやり方で正義を実践し社会変革を牽引してきた。そうした連帯行動の蓄積が今回の尹錫悦弾劾デモで開花したのは、ある意味で自然なことだった。

　各地でおこなわれた集会は、若い女性たちと共に、異なるアイデンティティが発現する場でもあった。集会での自由発言では、自らの職業や出身地や正体を明かし、当事者性にもとづいた言葉を発する人々が多かった。自らをホステスだと名乗ったある釜山市民は、「お前みたいな無知なやつが出ていって何ができるんだ」という声に反発するために、勇気を出して壇上に登ったと語った。「この峠〔大統領弾劾〕を越えることに成功しても、それで解決したとは思わないでほしい」、「周囲の疎外された人々に注意を払って欲しい」という彼女の要求は、怒りを共にした人々に深く鳴り響いた〈注5〉。おそらく、これまで何度発してもまともに聞き取られなかった言葉であったにちがいない。集会の現場は、周縁や底辺に位置付けられてきた人々の言葉の饗宴のようであった。これまでになかった公論の場が開かれたことも、今回の弾劾デモの新たな発見であった。

　先にみた28時間の「南泰嶺の戦い」が終わった後、ある関係者はデモの経過とともにそのときの感慨を次のように書いた。

　　苦痛を直視しようとする心、他人の空腹と寒さから目を背けない心、差別と排除の苦痛を共にしようとする心が人間の心であり、人間の村に咲く花だと思った。私はこれらの顔からセウォル号の子どもたちを見た。セウォル号の子ど

もたちがその場に来たと固く信じた。死者が生者の道を開けてくれたと信じた。……セウォル号以前の世界と以後の世界は違わねばならないという意思が、人々の胸のなかに怒りの花を咲かせたと思った。……体面と良心が隊列を分散の道から救い出し、憐憫と怒りがトラクターの道を開けた。私は彼ら彼女らの形式の軽さと内容の重さを理解しようとした。私は彼ら彼女らをお腹いっぱいに食べさせるために農業をもっと一所懸命にやりたくなった〈注6〉

　私は日々の忙しさを理由に、南泰嶺に駆けつけることができなかった。真冬の寒空の下で何時間もデモをするのは、多くの時間と体力を要する。行ける人が行くほかないが、やはり気持ちだけ参加したという人々は、みなそれを申し訳なく感じていた。動けなかった分、このことをぜひ書いておきたかった。上記の発言のなかには、私が2024年12月に学んだことがぎっしり詰まっている。他人の苦痛から目を背けないこと、共に怒ることで繋がること、死者への哀悼を通じて現在の生をとらえ直すこと。後日打ち上げまで行われたこの「南泰嶺の戦い」は、今後も語り継がれることだろう。その主人公はトラクターの農民たち、そして若い世代の女性たちとなるだろう。もちろん、本当の戦いはこれから始まる。怒りを共にすることを覚えた異なる人々がどんどん声を上げるだろう。

（ちょうきょんひ、歴史社会学・マイノリティ研究／聖公会大学）

本稿は2025年1月7日、生活ニュースコモンズの記事の再録です。

注1：趙慶喜「女性たちの『消えない光』：ファンダムと共振する民主主義」
『世界』2025年2月号。

注2：2001年に女性部として出発し、改編を繰り返し現在に至る女性家族部は、女性の権利や家族、青少年問題などの政策に取り組んできた。保守政権の下では役割を果たし終えた不必要な部署だとの批判が強く存廃の危機に置かれている。

注3：「尹錫悦政府1年、女性政策を振り返る」(2023.5.31)、
韓国性暴力相談所ホームページ
https://www.sisters.or.kr/activity/law/6816

注4：AIを用いて加工されたポルノ画像や映像。実在の人物の顔と偽物の体を合成して作成されることが多い。

注5：2024年12月11日、釜山の弾劾集会での女性の発言。本書14頁参照。

注6：カン・グァンソクさんのfacebookの書き込み
https://www.facebook.com/kwangsok.kang

Profile

〈編著〉
岡本有佳（おかもと・ゆか）
記者／編集者として活動する。女性たちの表現活動やメディア問題のほか、日本軍「慰安婦」問題などにも関心がある。共編著『《自粛社会》をのりこえる』(岩波ブックレット)、『政治権力VSメディア　映画『共犯者たち』の世界』(夜光社)など。

〈協力〉
生活ニュースコモンズ
2023年7月14日、新聞社で働いてきた女性たちが集まり、たちあげた独立メディアです。ジェンダー平等やマイノリティの声を大切に生活者の視点で記事を発信しています。
https://s-newscommons.com

弾劾可決の日を歩く
"私たちはいつもここにいた"

2025年2月26日 初版発行

編著	岡本有佳
協力	生活ニュースコモンズ
デザイン	小松洋子
発行人	宮川真紀
発行	gasi editorial
発売	合同会社タバブックス
	〒155-0033 東京都世田谷区代田6-6-15-204
	tel : 03-6796-2796 fax : 03-6736-0689
	edit@tababooks.com
印刷	グラフィック

ISBN978-4-907053-75-8 C0095
©Yuka Okamoto 2025
Printed in Japan

無断での複写複製を禁じます。落丁・乱丁はお取り替えいたします。